रंग जज़्बातों के

इश्क, जुदाई, इंतज़ार

प्रीति सैनी

Copyright © Preeti Saini

All Rights Reserved.

This book has been published with all efforts taken to make the material error-free after the consent of the author. However, the author and the publisher do not assume and hereby disclaim any liability to any party for any loss, damage, or disruption caused by errors or omissions, whether such errors or omissions result from negligence, accident, or any other cause.

While every effort has been made to avoid any mistake or omission, this publication is being sold on the condition and understanding that neither the author nor the publishers or printers would be liable in any manner to any person by reason of any mistake or omission in this publication or for any action taken or omitted to be taken or advice rendered or accepted on the basis of this work. For any defect in printing or binding the publishers will be liable only to replace the defective copy by another copy of this work then available.

क्रम-सूची

क्रम-सूची

प्रस्तावना

Reasonable care and cautions have been taken to avoid errors and omissions in this publication, they have crept in inadvertently. This publication has been sold on the terms and conditions and with understanding with the author, printers and sellers that they should not be liable in any manner for any inconvenience, damage and loss caused to anyone by the errors and omissions of this book. The characters may be fictional or based on real events, but in any case, it doesn't spread any negativity towards religion, language and caste.

Mention and reference of any religion, scripture and culture has been done with no intention to harm the sentiments of people. The author has high regard and respect towards different religions, scriptures, philosophical thoughts, traditions, customs and cultural values of the people, the society and the world at large. In case plagiarism is detected neither the compiler nor the pub- lisher is responsible. author should be solely

responsible for their contents.

पावती (स्वीकृति)

सबसे पहले मैं वाहेगुरु का धन्यवाद करती हूं कि उन्होंने मुझे ये जीवन दिया, मुझे दुनिया के साथ साझा करने के लिए ज्ञान दिया, चाहे कितनी भी बाधाएं हों पर फिर भी जीवन के हर पथ में मुझे आगे बढ़ने की प्रेरणा दी। मैं ब्रह्मांड को हमेशा मेरा मार्गदर्शन करने के लिए और मुझे इस पुस्तक को आप सभी तक लाने की अनुमति देने के लिए धन्यवाद देती हूं।

ये पुस्तक विशेष है क्योंकि ये कविताएँ पियाली ने अपने राजवड़िये के लिए लिखी हैं (इस पुस्तक का परिचय और मेरी दूसरी पुस्तक 'शंखनाद: कहानी तेरी मेरी और हमारी' देखें)।

तो, पियाली की ओर से उसके राजवड़िये को विशेष धन्यवाद,

"मेरे प्रीतम,

तुम्हारे प्यार, समर्थन और प्रेरणा के लिए धन्यवाद। तुम्हारे प्रेरक शब्दों ने मुझे अपने भीतर देखने और अपनी असली सुंदरता को पहचानने के लिए प्रेरित किया। तुमने मुझे सही रास्ता दिखाया और उस पर चलने का हौसला दिया। तुम्हारे दिखाए हुए रास्ते पे चलकर मैने वो हासिल किया जो मेरे लिए अविश्वसनीय है। मैं अपने आप में योग्य नहीं हूं; तुम मुझे योग्य बनाते हैं। तुम मेरी कविताओं के स्रोत हो। तुम मेरे प्यार के स्रोत हो। तुम प्यार के प्रतीक हो। मेरे प्रीतम, मेरे गाइडिंग एंजेल बनने के लिए दिल से धन्यवाद।

तुम्हारी प्रीत,

पियाली"

मैं अपने माता-पिता, रंजीत और मंजीत; और मेरे भाई- सुखदीप और राहुल, को हमेशा मेरा समर्थन करने और मुझे अपने जुनून का पालन करने के लिए प्रोत्साहित करने के लिए धन्यवाद देती हूं।

ये कविताएँ एक आत्म-पूर्ति की यात्रा रही हैं। मैं अपने दोस्तों अपर्णा, अरुणा, पूनम, श्रद्धा और शुभम की प्रेरणा के बिना उन्हें लिखना जारी

नहीं रखती।

अपर्णा हमेशा मेरे लिए मार्गदर्शक रही हैं। जब मैंने अपनी पहली किताब पूरी की, तो वो चाहती थीं कि मैं कुछ हल्का-फुल्का लिखूं। तो, आज मैं यहाँ इस पुस्तक के साथ हूँ।

अरुणा के पास जीवन में हर चीज़ के बारे में इतनी अच्छी अंतर्दृष्टि है कि यह उसे खास बनाती है। उन्होंने ही मुझे इस बात का अहसास कराया कि ये कविताएं सभी आयु वर्ग के लोगों के लिए प्रासंगिक हैं और इन्हें प्रेम के विभिन्न चरणों में लागू किया जा सकता है। उसके दृष्टिकोण ने मुझे मेरी कविताओं की सापेक्षता का एहसास कराया।

पूनम ने हमेशा मुझे अपने दिल और अपनी प्रतिभा का अनुसरण करने के लिए प्रोत्साहित किया है। उसके बुद्धिमान सुझाव उसे उसकी उम्र से अधिक समझदार बनाते हैं।

श्रद्धा इन सभी कविताओं की बहुत धैर्यवान श्रोता रही हैं। उसने मुझे सबसे अच्छी समीक्षा दी जब उसने कहा, "ये बहुत ज़्यादा प्यार से भरा है। आप इतना खूबसूरत कैसे लिखते हो?"। उसकी बातों ने मुझे लिखते रहने के लिए प्रेरित किया।

शुभम मेरी कविताओं के सबसे अच्छे श्रोता रहे हैं। उनके अनुसार, इनमें से कुछ कविताओं को मुझे गाने में बनाना चाहिए। अब इससे बड़ी बात और क्या हो सकती है?

इस पुस्तक के लिए कविताओं को अंतिम रूप देने में मेरी मदद करने के लिए अपर्णा और श्रद्धा को फिर से मेरा हार्दिक धन्यवाद; मेरी सहेली अमृत और एक अन्य स्वीट सी सहेली, जो अपना नाम नहीं बताना चाहती, इनको भी मेरा धन्यवाद। ये सबसे अच्छे आलोचक हैं जो किसी के भी पास होने चाहिए।

कोई भी पावती प्रकाशक को धन्यवाद दिए बिना अधूरी है। मैं अपने प्रकाशक, धीरज; और कॉन्साइंस वर्क्स पब्लिकेशन की पूरी टीम को उनके समर्थन और इस पुस्तक को आप सभी तक पहुंचाने के लिए धन्यवाद देती हूं।

My foremost thanks to Waheguru for making me who I am, for giving me the wisdom to share with the world, for showing me the true meaning of love, and for inspiring me in each and every path of my life, no matter what the hurdles be. I thank the Universe for guiding me always and for allowing me to bring this book to you all.

This book is special as these poems are written by Piyali for her Rajwadiya (refer introduction of this book and my second book 'Shankhnaad: kahani teri meri aur hamaari'). So, a special thanks from Piyali to her Rajwadiya-

"My beloved,

Thanks for your love, support and motivation. Your inspiring words inspired me to look within and realize my true beauty. You showed me the right path; you made me walk on it and achieve the unbelievable. I'm not worthy in myself; you make me worthy enough. You are the source of my poems. You arethe source of my love. You are the epitome of true love. Undeniable thanks to you my Love, for being my Guiding Angel.

Your Love,

Piyali"

I thank my parents- Ranjeet and Manjeet; and my brothers Sukhdeep and Rahul for supporting me always and for encouraging me to follow my passion.

These poems have been a self-fulfilling journey. I wouldn't have continued writing them without the motivation of my friends Aparna, Aruna, Poonam, Shraddha and Shubham.

Aparna has always been a guiding force for me. After I completed my first book, she wanted me to write something light-hearted. So, here I am with this book.

Aruna has such great insight about everything in life that it makes her special. She was the one who made me realise that these poems are relevant to people of all age groups and can be applied to various stages of love. Her outlook made me realise the relativity of my poems.

Poonam has always encouraged me to follow my heart and my talent. Her wise suggestions make her wiser than her age.

Shraddha has been a very patient listener of almost all these poems. She gave me the best review when she said, "it is full of love. How do you write so beautifully?". Her words inspired me to keep writing.

Shubham has been the best audience of my poems. According to him, a few of these poems should me made into songs. Now, what can be more persuading than this?

My sincere thanks to Aparna and Shraddha again; also my friend Amrit and another sweet friend who doesn't want to be named, for helping me finalize poems for this book. They are the best critics that anyone can have.

Any acknowledgement is incomplete without thanking the publisher. I thank my publisher Dheeraj and the complete team of Conscience Works Publication for their support and for bringing this book to you all.

किताब के विषय में

प्यार एक ऐसा सफर है जो खुद में ही अनोखा है। ऐसे जज़्बात जगाता है वो मन में जैसे हर पल एक नई कहानी हो। कुछ ऐसे ही है रंग पियाली और राजवड़िये* के प्यार के, जिसे समझने के लिए इन कविताओं को पढ़ना जरूरी है। सच्चा प्यार क्या है वो तो ये दोनों हमें सिखाते हैं उसके साथ प्यार में जीना मरना क्या है वो भी ये दोनों हमें सिखाते हैं।

ये कविताएं सफर है पियाली और उसके राजवड़िये के वर्तमान जन्म की। इस जन्म में उन्होंने बहुत कुछ सहा- मिलके बिछड़े और फिर जुदाई सही। कुछ ज़्यादा ही लंबी जुदाई सही इन्होंने। इस जुदाई के दौरान जो इनका इंतज़ार है वो हमारी समझ से परे है। इनका इंतज़ार इनके इश्क की परीक्षा का केंद्र बन गया। पर इस दौरान इन्होंने सीखा भी बहुत कुछ।

इस इंतज़ार के सफर में ये कविताएं पियाली का सहारा बनी। इन कविताओं ने वो किया इनके रिश्ते के लिए जो सिर्फ ये दोनों ही समझ सकते हैं।

अगर आप भी रंगना चाहते हैं इनके प्यार के रंग में तो आपको ये कविताएं पढ़नी होंगी। इनमें प्यार के हर जज़्बात को दर्शाया है पियाली ने। ये कविताएं हैं उस राह की जिस पर चलकर पियाली और उसका राजवड़िया प्यार के शिखर पर चढ़े।

Love is a journey which is unique in itself. It awakens such emotions in a person as if every moment is a new story. This is how the love of Piyali and her Rajwadiya* is. To understand their love it is necessary to read these poems. They teach us what true love is and what it is to live and die in love.

These poems are the journey of the present birth of Piyali and her Rajwadiya. In this birth they suffered a lot - they met and parted. And then went through a very long separation.

Their wait and longingness during this separation is beyond our comprehension. Their wait became the examination center of their love. But during this time they learned a lot too.

During this period waiting, these poems became the support system of Piyali. These poems did that for their relationship which only these two can understand.

If you also want to get an essence of their love, then you have to read these poems. Piyali has shown every emotion of love in these poems. These poems are the path on which Piyali and her Rajwadiya climbed the summit of love.

1. रंग जज़्बातों के

कैसा जादू है तेरे इश्क में,
कि तुझ में खुद को भूल जाती हूं मैं,
जज़्बात ऐसे उभरते हैं मन में,
कि तेरे रंग में रंग जाती हूं मैं।
तेरे नैनो के जज़्बातों में ऐसे डूब जाती हूं मैं,
कि तेरे जज़्बात संग एक हो जाती हूं मैं,
तुझसे दूर होकर भी तेरे पास आ जाती हूं मैं,
कुछ ऐसे हैं रंग तेरे जज़्बातों के।
ये सच तू जाने हैं,
कि तेरी मुस्कान मुझे सबसे ज़्यादा लुभाए है,
तेरी मुस्कान से तेरे जज़्बात पहचानू मैं,
तेरी मुस्कान में तेरा प्यार पहचानू मैं।
ये सच मैं भी जानू हूं,
कि मेरी मुस्कान तुझे सबसे प्यारी लगे हैं,
मेरी मुस्कान में तेरी दुनिया बसे है,
तभी तो मैं तुम्हें सबसे प्यारी लगे हूं ।
एक दूजे के इश्क में ऐसे रंगे हैं हम,
कि जुदा होके भी एक हैं हम,
एक दूजे में सदियों से बसते हैं हम,
याद एक दूजे को हर पल करते हैं हम।
जज़्बातों की आंधी में एक दूजे को संभाले हैं हम,
एक दूजे के लिए दुनिया को बदल जाएंगे हम,
सबको अपने रंग में रंग जाएंगे हम,
कुछ ऐसे हैं रंग हमारे जज़्बातों के।

2. तू बता कहां बैठा है ?

तूने प्यार का किया इकरार,
फिर भी है क्यों जुदा हम?
तू बता कहां बैठा है?
इश्क तेरे में जग भूली मैं,
रहा ना मुझे कुछ याद,
तू बता कहां बैठा हैं?
दीदार तेरे को तरसे ये अखियां,
फिर भी क्यों ना आए तू नज़र?
तू बता कहां बैठा है?
एक होके भी क्यूँ है जुदा हम,
क्यों है तेरा मेरा मिलना दुश्वार?
तू बता कहां बैठा है?
संग होके भी संग ना हम,
तेरे इंतज़ार में सांसे कहीं ना जाए थम।
तू बता कहां बैठा है?
तुमसे कहनी है बातें हजार,
पर संदेशा भेजूं मैं कहां?
तू बता कहां बैठा है?
इश्क तेरे में बागी बनी मैं।
पर नहीं तुझ संग फिर भी मैं।
तू बता कहां बैठा है?
छोड़ा मैंने सारा संसार,
फिर भी तुझे ना पा सकी मैं।
तू बता कहां बैठा है?

मन को सुकून ना आए,
कैसे बीते रतिया तेरे बिन?
तू बता कहां बैठा है?
एक होने के लिए तड़पे है तू,
पर फिर भी क्यों ना आ सके है तू?
तू बता कहां बैठा है?

3. एक दूसरे के

ज़िंदगी की राह में कभी मिल ना सके हम अगर ।
तो ये जानना की पूरी शिद्दतों से चाहा है तुम्हें मैंने ।
जिंदगी की राह में हम हो ना सके एक अगर ।।
तो ये जानना कि मुद्दतों तक मांगती रहूंगी रब से तुम्हें मैं ।।
मैं भी देखूं ज़रा कब तक रूठा रहता है रब तुझसे मुझसे ।।
जुदाई देके पीड़ वो जाने हमारी ,
फिर क्यों वो करता है ऐसे ।।
तेरे प्यार में खुशियों को चाहा ,
तो क्या मैंने कुछ ज़्यादा चाहा ।।
ऐसा भी क्या मांगा रब मैंने तुझसे ,
कि तू दे ना सके ।।
ऐसा भी क्या किया मैंने रब ,
कि तू दे ना सके ।।
ऐसा भी क्या जोर ज़माने का ,
कि हम एक हो ना सके ।।
ऐसी भी क्या मजबूरी तेरी मेरी ,
कि हम एक हो ना सके ।।
कौन है जो रोके हमें ,
जो हम कर ले इरादा पक्का ।।
क्यों हम एक दूसरे के हो ना सके ,
जो हम कर ले इरादा पक्का ।।
तेरी मैं रहूं सदा ,
तू रहे मेरा सदा ।।
ये मैं जानू और जाने तू भी ,

प्रीति सैनी

एक दिन ये जाने जग भी ।
फिर वो हमें कर ना सके जुदा ।।

4. जुदाई और मिलन

तेरी मेरी खुशियां रंग भरने लगी है जीवन में,
तेरा मेरा मिलन सुकून भरने लगा है मन में,
खुद को खोके तुम में पाया मैंने खुद को,
तेरी होके मैंने समझा मैंने खुद को,
जुदाई तेरी मे तेरी गहराई को समझा,
संग तेरे में तेरे प्यार को समझा,
जाना मैंने तुझको मुझको,
जैसे तूने जाना मुझको तुझको।
ज़माने के जोर से,
जुदा होके भी एक हुए हैं हम,
लेके इशारों का सहारा,
जुदा होके भी एक हुए हैं हम।
इशारो तेरे ने गड़बड़ की अनेकों बार,
इशारो तेरे ने हंसाया भी अनेकों बार,
इन्हीं इशारों ने तड़पाया भी अनेकों बार,
इन्हीं इशारों ने मिलाया भी अनेकों बार।
अब यह मिलन है पूरा,
जैसे तू है मेरा पूरा,
जैसे मैं हूं तेरी पूरी,
वैसे हमारी कहानी है पूरी।
प्यार हमारा है सच्चा,
वादा हमारा है पक्का,
तेरा मेरा मिलना है सच्चा,
जैसे सूरज का उगना है पक्का।

5. इंतज़ार

पलकें मेरी ना जाने कुछ,
बस एक ख्वाब तेरा है,
जिन्हें वो संजोए बैठी है,
तू बता कब इनका है इंतज़ार खत्म?
जब से तू आया जीवन में,
बस तेरा ही ख्याल,
जब से तूने किया इकरार,
बस लगे हैं कि अब है इनका इंतज़ार खत्म।
पर जाने क्यों कुदरत खेले हैं खेल,
दूरी देके प्यार में बढ़ाए हैं करीबी,
बाहों तेरी मे आके खेलूं मैं खेल,
तू बता कब इनका है इंतज़ार खत्म?
तेरे मिलने के वादे ने,
जगाएं दिल में उमंग,
वर्षों से ना मिले हमारे नैन,
बस लगे हैं कि अब है इनका इंतज़ार खत्म।
तुझसे मिलने को मैंने की तैयारी हजार,
ना आया तू और ना आईं तेरी कोई खबर,
तेरे आने की आहट को तरसे है कान,
तू बता कब इनका है इंतज़ार खत्म?
नींद ना आए मुझे,
कैसे देखूं मैं स्वप्न,
होके तेरा दीदार मिटे हैं मन की अग्न,
अब कर दे मेरा इंतज़ार खत्म।

6. तेरा पता

होठों की मुस्कुराहट तेरा पता दिए हैं,
दिल में बसे हैं तू,
धड़कने मेरी तेरा नाम लिए हैं।
आंखों की चमक तेरा पता दिए हैं,
हर सोच में बसे हैं तू,
ख्याल तेरा मन को सुकून दिए हैं।
मेरा शर्माना तेरा पता दिए हैं,
सांसों में बसे है तू,
हर लम्हा बस तुझे ही याद किए हैं।
मेरा रोम-रोम तेरा पता दिए हैं,
जीवन में बसे है तू,
तेरा होना जीने की वजह दिए है।

7. अर्ज़ी मेरी मर्ज़ी तेरी

रब्बा मेरया,
अर्ज़ी लगाई बैठी मैं तेरे दर ते,
कर दे इंसाफ मेरा,
अर्ज़ी मेरी मर्ज़ी तेरी।
रोक ना सके दस्तूर इस दुनिया दा कोई,
तू है मेरा राखा स्वामी,
मैं तेरी दास हुई।
मंगा में तेरे कोलो जाने की-की,
एक आस लाई रब्बा तेरे कोलो,
दे-दे मेरे मन दा मीत।
रह ना सका मैं ओदे बिन,
जेदा रह ना सके ओ मेरे बिन,
तरसे असी इक दूजे बिन।
हुण ता मिला दे सानूं ओ मेरे रब्बा,
होर की मंगा मैं तेरे तो,
अर्ज़ी मेरी मर्ज़ी तेरी,
कदे ते कर दे अर्ज़ी मर्ज़ी एको मेरे रब्बा।

8. इंतज़ार की तड़प

खयालो तेरी में खोई ऐसे,
कि कुछ ना समझ आए मुझे,
जहां भी देखूं बस तू ही नज़र आए मुझे,
यादों तेरी में खोई ऐसे,
समय थम गया हो जैसे।
आज भी तेरा एहसास कुछ ऐसे,
ना होके भी तुम पास हो जैसे।
प्यार की डोर से बंधा है ये रिश्ता ऐसे,
हम तुम जुदा होके भी एक हो जैसे।
बिन एक दूजे तड़पे हम ऐसे,
बिन पानी मछली जैसे।
तुझ बिन रह ना सकूं अब मैं ऐसे,
दे जा अब कोई संदेशा मुझे,
या तेरे आने की खबर दे मुझे।।

9. नज़रों से नज़रें मिली

बैंड बाजे ढोल नगाड़े संग,
मचल उठा ये मन,
देख तुझे मन में हुई हलचल।
थिरक उठे ये कदम,
नाचे जैसे मोर लुभाने अपनी मोरनी को।
भीड़ मे तेरी नज़रों ने देखा ऐसे,
जैसे प्यार के फूल बरसे।
मुस्कुराहट तेरी में वो प्यार छुपा है,
जैसे बिन बोले प्यार का इज़हार किया है।
समझू तेरी हर आहट को,
खबर मुझे तेरी हर धड़कन की,
बिन बोले तेरे हर लफ्ज़ सुन लू मैं,
बिन बोले सब कह दूं मैं,
जब तेरी नज़रों से नज़रें मिली। ।

10. हमारे इश्क में

तेरे इश्क में,
रंगने का मज़ा ही कुछ और है,
हमारी खट्टी मीठी नोकझोंक में,
इश्क का मज़ा ही कुछ और है।
तेरी नाराज़गी में,
मेरे पिघलने का मज़ा ही कुछ और है।
मेरे गुस्से में,
तेरे झुकने का मज़ा ही कुछ और है।
तेरी बेवकूफियों में,
तुझे समझने का मज़ा ही कुछ और है।
मेरी परेशानी में,
तेरा मुझे संभालने का मज़ा ही कुछ और है।
हमारे पागलपन में,
एक दूसरे से बिगड़ने का मज़ा ही कुछ और है।
हमारी चुप्पी में,
एक दूसरे के बोलने का इंतज़ार करने का मज़ा ही कुछ और है।
हमारी बहस में,
एक दूसरे को चुप कराने का मज़ा ही कुछ और है।
हमारे इश्क में,
एक दूसरे की बाहों में खेलने का मज़ा ही कुछ और है।

11. बसेरा तेरा

तन्हाइयों की गहराई से निकाला तूने,
तेरा साथ है सब कुछ,
तुझ बिन ये दुनिया है बंज़ार।
दिल की गहराइयों में है बसेरा तेरा,
तेरा प्यार है सब कुछ,
तुझ बिन मेरा इश्क है बंज़ार।
यादों की गहराई में है बसेरा तेरा,
तेरा एहसास है सब कुछ,
तुझ बिन हर किस्सा है बंज़ार।
जज़्बातों की गहराई में है बसेरा तेरा,
तेरा हौसला है सब कुछ,
तुझ बिन हर जज़्बा है बनज़ार।
सोच की गहराई में है बसेरा तेरा,
तेरा कहना है सब कुछ,
तुझ बिन हर लफ्ज़ है बंज़ार।
धड़कनों की गहराई में है बसेरा तेरा,
तेरा होना है सब कुछ,
तुझ बिन हर सांस है बंज़ार। ।

12. जुदाई

लफ्ज़ बयां नहीं कर सकते मेरे दिल का हाल,
तेरी जुदाई ने दी ऐसी पीड़,
तेरी याद में आंखें ऐसे भर आईं,
जैसे हर आंसू जाने मेरे दिल का हाल।
क्यों है तू नज़रों से दूर?
हो ना जाना दिल से दूर।
क्यों है ये जुदाई जरूरी?
हो ना जाए ज़िंदगी भर की मजबूरी।
क्यों है हमारा इश्क अधूरा?
हो ना जाए हम अधूरे ।
क्यों है दुनिया नामंज़ूर?
हो ना जाए हम मजबूर।
क्यों है इश्क की राह कांटों वाली?
क्यों हो ना जाए ये फूलों वाली?
क्यों है मंज़िल अब भी दूर?
क्यों हो ना जाए ये खुशियों से भरपूर?
क्यों है हम अब भी अधूरे?
क्यों हो ना जाए हम अब पूरे?
क्यों है मांग अब भी खाली?
क्यों हो ना जाए अब ये तुम्हारी?

13. तेरा प्यार

तेरी प्यारी सी आंखों में बसे मेरी दुनिया सारी,

नज़रों से प्यार के फूल ऐसे बरसाते हो तुम,

जैसे तेरी आंखें हो प्यार का सागर,

इन में डूबने का मन करता है।

तेरी प्यारी सी मुस्कान में बसे मेरी खुशियां सारी,

बिन बोले प्यार का इज़हार ऐसे करते हो तुम,

जैसे तेरी मुस्कान है प्यार की लहर,

इसमें बहने का मन करता है।

तेरे प्यारे से मुख में बसे हमारी कहानी सारी,

जज़्बातों को ऐसे जताते हो तुम,

जैसे तेरा मुख है प्यार का दर्पण,

इसमें प्रतिबिंबित होने का मन करता है।

14. लफ्ज़

ना खेल माहिया जज़्बाता नाल,
इश्क दी गली ना सौखी ना औखी,
संगनियां राहा,
ना धूप ना नेर।
ज़माने दी नज़र तेरे ते मेरे ते,
समा नई खेडन दा,
कल्ली तुड़ना औखा,
चल माही नाल होन मेरे।
चानन कर दे राह ए संगनियां,
सारथी बन कर दे पूरा अपना प्रण,
राक्खी कर जोगन अपनी दी,
लै जा एना चुभदियां नज़रा तो दूर।
खुले असमान थल्ले,
नई ज़िंदगी दी ओर,
लै जा मैनू जिंद मेरीए,
जिथे ना होवे कोई होर।

15. चले हम

चले हम नए राह पर,
नई मंज़िल की ओर,
एक नई उड़ान भरने।
अब ना कोई रोके-टोके हमें,
चले हम दूर झूठे कसमे वादो से,
एक नया आशियाना बसाने।
चले हम आगे सारथी बना,
पिछली ज़िंदगी के सबक को,
एक नया अनुभव सीखने।
जिगर में हौसला और चेहरे पे मुस्कान लिए,
चले हम तेरी मुस्कान को यादों में समेटे,
एक नई ज़िंदगी सजाने।
चले हम नए कर्मों की ओर,
अपनी सोच से दुनिया बदलने,
एक नई पहचान बनाने।
यादों की गठरी लिए,
चले हम फिर मिलने की ख्वाहिश लिए,
एक नई उम्मीद सजाने।

16. जुदा

दिल ऐसा तोड़ा माही ने मेरे,
कि अब मुड़ के ना जाऊं मैं,
राह अकेली बिन तेरे,
पर आखरी सांस तक अब थम ना पाऊं मैं।
क्यूँ एतबार किया इश्क पे तेरे?
क्यूँ जज़्बातों को रोक ना पाई मैं?
क्यूँ इज़हार किया मैंने इश्क का मेरे?
क्यूँ तेरी उलझन को समझ ना पाई मैं?
ऐसे चौराहे पे खड़े हैं माही मेरे,
कि होके भी उनकी उनसे दूर हूं मैं,
चाह के भी वो हो ना सके मेरे,
कि ज़माने के कटघरे में खड़ी हूं मैं।
क्या कुसूर इश्क का तेरे,
कि मेरा होके भी तुझे पा ना सकूं मैं?
क्या कुसूर इश्क का मेरे,
कि तेरी होके भी तुझसे जुदा हूं मैं?

17. ना कर छेड़-छानियाँ

वेला आया मिलन दा माही मेरे,
होन ना कर छेड़-छानियाँ,
दीदार तेरे नू तरसे अखियाँ,
होन ता कर मेहरबानियाँ।
तरसी मैं बरसों तेरे लई,
होन ता जी लैन दे,
ले लैन दे साह सुख दी,
होन ता मैनू तेरी हो लैन दे।
क्यूँ करें एदा तू माही?
क्यूँ तरसावे हैं तू?
माही मेरे तू सब जानदा,
फेर क्यूँ खेड खेडे हैं तू?
प्यार तेरे ते एतबार मेरा,
फेर क्यूँ रुलावे हैं तू?
इश्क मेरा मजरूर तेरा,
फेर क्यूँ ना बख्शे हैं तू?
जिंद मेरी बसे तेरे ते,
दे दे मैनू इश्क मेरा,
मेरी हर साह बसे तेरे ते,
हो लैन दे मेरा इश्क पूरा।

18. क्या सोचे है

ज़िंदगी के हर मोड़ पे,

तेरा साथ मांगा है मैंने रब से,

इसलिए मैंने भेजे तुझे पैगाम हजार।

पर जब से भेजे तुझे पैगाम हजार,

तू रूठा बैठा है मुझसे,

बोल क्या खता हुई मुझसे।

उन पैगाम में मैंने भेजा था,

अपने दिल का हाल।

बताई थी तुझे वो सब बातें,

जो न कह सकी किसी और से।

सोचा था कि मैं जैसी हूं,

तू वैसे ही करेगा मुझे स्वीकार।

पर अब लगे हैं,

कि तुझे नहीं मुझ पर एतबार।

क्या कसूर है मेरा,

बता दे तू मुझे।

क्या गलती हुई मुझसे,

समझा दे तू मुझे।

क्यूँ टूटे है तेरा ऐतबार?

क्यूँ चुप है तू इस बार?

बता दे तू एक बार,

कि क्या हुआ तुझे इस बार।

क्या तू मुझे गलत समझे है?

या तू है किसी उलझन में?

या चले हैं दुनिया का जोर तुझ पे?
क्या सोचे है तू ये सोचूं हूं मैं।
खोल दे अपने दिल के राज़,
अब ना कर/ रहने दे मुझे बेराज़।
मैं ना होंगी तुझसे नाराज़,
कि कहीं तू ना हो जाए मुझसे नाराज़।

19. जो तेरा है

जो तेरा है वो तेरे संग है सदा,
जो मुड़ के ना आए,
वो तेरा कभी था ही नहीं,
ना बहा आंसू बेकदरयां पे,
फिर भी जो तू तरसे है उसके लिए,
तो आज उसे दे एक आखरी मौका बंदया,
जो वो आज भी मुड़ के ना आए,
तो वो तेरा है ही नहीं,
जो तेरा है ही नहीं उसे जाने दे बंदया।
है ये इम्तिहान तेरे मेरे इश्क का,
जलू मैं बिरहा की अग्नि में,
तेरे इंतज़ार में खो बैठी मैं अपना मान-सम्मान,
अब ना कर इश्क में और रुसवा मुझे,
जो नहीं करना है मुझे कुबूल,
तो दे-दे आज ये आखिरी पैगाम,
कि तू मुड़ के ना आई सजनड़यां,
ना देखूं मैं तुझे मुड़ के फिर कभी,
पर जो तू मुड़ के आया फिर तू मेरा हैं सजनड़यां।
तुझसे मिलने की मैं करूं तैयारी हजार,
नज़रों के फूल से करूं तेरा स्वागत,
चाहत की नगरी में करूं तेरा स्वागत,
जल उठे दिल के दीप हजार,
सुन के तेरे आने की सनसनाहट,
चलते फिरते देखूं मैं तुझे हर तरफ,

"

होने लगा है तेरा दीदार आज,
फिर क्यों ना करूं मैं तैयारी हजार,
जब तू होने लगा है मेरा आज।

• 23 •

20. अधूरी

तुझ बिन फ़ीका संसार मेरा,
फीके सारे रंग जज़्बात के,
फीके रिश्ते नाते,
फीका पड़ा इश्क मेरा।
माही मेरे तू नहीं तो कुछ नहीं,
तू जिंद जान मेरी,
तू ही मेरा संसार,
तुझसे ही मैं।
कुछ नहीं मैं तुझ बिन,
जिस दिन तू समझे ये,
हो जाए प्यार पूरा,
फिर तू भी ना रहे अधूरा।
ना रहे तेरी आंखें सुनी,
खत्म हो जाए उनका दीदार,
ना रहूं मैं अधूरी,
खत्म हो जाए ये दूरी।
ना तड़पे तेरा इश्क पल-पल,
जैसे तड़पू हूं मैं पल-पल,
ना देनी पड़ेगी तुझे यादों की सुनवाई,
जैसे देनी पड़ती है मुझे अपने इश्क की दुहाई।
ना खोना पड़ेगा तुझे कशमकश में,
ना होना पड़ेगा मुझे रुसवार,
ना देना पड़ेगा तुझे गम मुझे,
ना खोना पड़ेगा मुझे एतबार।

माही मेरे दिल दिया तूने,
अब दे दे जिंद भी अपनी,
दे दे अपना सब कुछ,
जैसे दिया मैंने तुझे सब कुछ।

21. हमारा रिश्ता

बिन लफ़्ज़ों के,
बिन इशारों के,
बिन ढोल नगाड़ों के,
तेरा मुझे सब कुछ कहना कुछ ऐसा है,
जैसा सागर में नदी का मिलना है।
बिन तुझे देखे,
बिना तेरी आहट के,
बिन तुझे छुए,
तेरा एहसास कुछ ऐसा है,
जैसे तन के संग परछाई है।
जब कोई ना समझा मुझे,
छोड़ गए जब अपने,
विपरीत परिस्थितियों में,
तेरा मुझे समझना कुछ ऐसा है,
जैसे शीशे में दर्पण है।
हर परिस्थिति से परे,
सुख-दुख से परे,
मिलना-बिछड़ना से परे,
यारी हमारी कुछ ऐसी है,
कि दुनिया से परे है।
दुनिया की समझ से परे,
श्राप-वरदान से परे,
जीवन-मरण से परे,
हमारा रिश्ता कुछ ऐसा है,

जैसे अनंत काल से अनंतता है।

कवयित्री परिचय

प्रीति सैनी (जन्म 29 मार्च 1987) एक सलाहकार मनोचिकित्सक, परामर्शदाता, प्रेरक वक्ता, सॉफ्ट स्किल ट्रेनर, लेखक और एक सामाजिक कार्यकर्ता हैं।

वह LifeKiran.com की एक योगदानकर्ता लेखिका हैं जो एक ज्ञान-साझाकरण मंच है जो मानसिक स्वास्थ्य पर जानकारी प्रदान करता है।

वह मैत्री देवी फाउंडेशन के साथ एक स्वयंसेवक मनोवैज्ञानिक के रूप में जुड़ी हुई हैं और उनकी अंतरराष्ट्रीय हेल्पलाइन "माइंड हेल्पलाइन" की परियोजना प्रबंधक हैं। वह उनके ऑनलाइन शो "मैत्री देवी फाउंडेशन द्वारा मानसिक स्वास्थ्य जागरूकता शो" की मेजबान भी हैं।

वह रोटरी क्लब के WIRI इंडिया ग्रुप लिटरेसी की समन्वयक भी हैं और WIRI (वूमेन इन रोटरी इंटरनेशनल) द्वारा महिला सशक्तिकरण श्रृंखला की समन्वयक भी हैं। वह विभिन्न साक्षरता और महिला सशक्तिकरण परियोजनाओं में सक्रिय रूप से लगी हुई हैं और उन्होंने कई अंतरराष्ट्रीय और राष्ट्रीय कार्यक्रम आयोजित किए हैं।

प्रीति बेंगलुरु विश्वविद्यालय से मनोविज्ञान में स्नातकोत्तर हैं और वर्तमान में डॉक्टरेट कार्यक्रम कर रही हैं।

Preeti Saini (born 29 March 1987)is a Consultant Psychologist, counselor, motivational speaker, soft skills trainer, author and a social worker.

She is a contributing author of LifeKiran.com which is a knowledge-sharing platform that offers information on mental health.

She has been associated with the Maitri Devi Foundation as a volunteer psychologist and is the project manager of their international helpline "MindHelpline". She is also the host of their online show "Mental Health Awareness show by Maitri

Devi Foundation".

She is also a coordinator of the WIRI India Group Literacy of the Rotary Club and also the coordinator of the women empowernment series by WIRI (Women in Rotary International). She has been actively engaged in various literacy and women empowerment projects and has conducted several international and national programs.

Preeti is a postgraduate in Psychology from Bengaluru University and is currently pursuing her Doctoral Program

Upcoming Books

मेरी पहली ओर दूसरी पुस्तक	Upcoming

* LITTLE THINGS IN LIFE
* BUILDING RESILIENCE: CONQUER THE WORLD
* आप बीती (Aap Beeti)

Connect ~

- Instagram: preetisaini5158
- FaceBook Page: https://www.facebook.com/counselingresource/
- YouTube: https://youtube.com/user/prettypreeti0
- LinkedIn: https://www.linkedin.com/in/preeti-saini-78a2a715

BACK COVER:

ये किताब प्रेम कविताओं की कविता संग्रह है। ये वो कविताएं हैं जो हर प्यार करने वाले दिल की कहानी है। इन कविताओं ने प्यार के भिन्न-

भिन्न जज़्बातों को छुआ है। इसी प्रकार ये आपके भी दिल के तार को कुछ ऐसे ही छू जाएंगी।

ये कविताएं लिखी तो पियाली ने अपने राजवड़िये के लिए है परंतु ये कविताएं हर उस दिल की दस्तक है जो सच्ची प्रीत करते हैं।

www.ingramcontent.com/pod-product-compliance
Lightning Source LLC
Chambersburg PA
CBHW022122150726
47990CB00003B/1468